Frieder Klar

BURGEN UND SCHLÖSSER ENGLANDS – EIN BILDBAND

Bilder: Privat

Herstellung: BoD, Norderstedt

ISBN 9783942129152

Frieder Klar

BURGEN UND SCHLÖSSER ENGLANDS – EIN BILDBAND

Baltic Sea Press

INHALT

MIDDLEHAM CASTLE

Middleham Castle in der Grafschaft North Yorkshire wurde um 1200 erbaut und erhielt einen massiven normannischen Wehrturm. In den folgenden Jahrhunderten wurde Middleham Castle zu einer beeindruckenden Residenz der Familie Neville ausgebaut. Während der Rosenkriege wurde König Eduard IV. für kurze Zeit in der Burg gefangen gehalten. Bis in die Zeit Jakob I. blieb Middleham Castle in königlichem Besitz, verfiel aber nach seinem Verkauf. Heute ist die Burg eine Ruine, jedoch sind die meisten Mauern noch intakt.

COLCHESTER CASTLE

Colchester Castle ist eine um das Jahr 1100 errichtete normannische Burg in Essex. Sie wurde auf den Resten eines römischen Tempels aus dem 1. Jahrhundert n.Chr. gebaut und diente in ihrer wechselvollen Geschichte auch als Gefängnis. Heute ist die Burg ein Museum.

DOVER CASTLE

FRAMLINGHAM CASTLE

Framlingham Castle in Suffolk wurde um 1300 errichtet. Für die damalige Zeit ungewöhnlich, erhielt Framlingham Castle keinen Wehrturm. Die Burg wird heute vom englischen Staat verwaltet.

CASTLE DROGO (S. 13)

Das Castle Drogo in der südwestenglischen Grafschaft Devon ist das letzte in England erbaute Landschloss. Es liegt hoch über der Schlucht des River Teign.

Mit dem Bau des Castle Drogo wurde im Jahre 1910 begonnen. Der Herrensitz wurde vollständig aus Granit errichtet und lehnt sich stilistisch an mittelalterliche Burgen an. 1930 ging dem Besitzer – der Geschäftsmann Julius Drewe – das Geld aus, sodass Castle Drogo unvollendet blieb. In den siebziger Jahren ging das Haus aus dem Besitz der Familie an den National Trust, eine gemeinnützige Organisation zur Denkmalpflege, über.

WINDSOR CASTLE

Schloss Windsor ist eine der Residenzen der Queen, die dort einige Wochenenden im Jahr verbringt. Es gilt als das vermutlich größte und älteste noch bewohnte Schloss der Welt. Es befindet sich in der Grafschaft Berkshire in der Stadt Windsor. Unterhalb des Schlosses bahnt sich die Themse ihren Weg in Richtung London.
Die Geschichte von Schloss Windsor reicht bis in die Zeit Wilhelm des Eroberers zurück, der auf dem Gelände im Jahre 1078 eine Holzburg errichten ließ. Unter Eduard III. wurde diese Burg im 14. Jahrhundert abgerissen und stattdessen eine Residenz errichtet, deren Grundrisse bis heute weitgehend unverändert geblieben sind.
Diente Schloss Windsor in den ersten Jahren vor allem dem Schutz des Königs, so erhielt es – nachdem sich die Macht des englischen Königs gefestigt hatte – doch zunehmend den Charakter einer prächtigen königlichen Residenz.

Während der politischen Wirren des 17. Jahrhunderts geriet Schloss Windsor unter die Herrschaft des Parlaments, dessen unterbezahlte Truppen die königlichen Wertgegenstände plünderten. Karl I. war vor seiner Hinrichtung für kurze Zeit im Schloss inhaftiert. Nach der Restauration der Monarchie ließ Karl II. nach dem Vorbild von Versailles die fast fünf Kilometer lange und 80 Meter breite Allee des Langen Weges anlegen.

Nach dem Tode Karl II. verlor Schloss Windsor für die königliche Familie an Bedeutung. Dies änderte sich erst wieder, als Georg III. zu Beginn des 19. Jahrhunderts für seine Familie mit 13 Kindern eine größere Residenz benötigte. Als Georg in seinen letzten Lebensjahren in einen Zustand geistiger Umnachtung verfiel, schloss man ihn im Schloss ein. Unter seinem Sohn wurde Schloss Windsor aufwändig restauriert. Es erhielt erstmals eine beinahe symmetrische Fassade, und im Innern wurden die Gemächer im gotischen Stil restauriert. Mit der Waterlookammer wurde eine gewaltige Halle errichtet, die an den Sieg über Napoleon erinnern sollte.

Schloss Windsor wurde für Königin Victoria nach dem frühen Tod ihres Mannes zum bevorzugten Aufenthaltsort. Ihre Nachfolger hatten andere Vorlieben. In den 1920er Jahren wurde jedoch ein Puppenhaus errichtet, das noch heute als Queen Mary's Dolls' House eine Touristenattraktion darstellt.

Während des Zweiten Weltkrieges lebte die königliche Familie aus Sicherheitsgründen auf Schloss Windsor. Als Elisabeth II. dann Königin wurde, wählte sie das Schloss zu ihrem bevorzugten Aufenthaltsort für Wochenenden. Im Jahre 1992 wurde Schloss Windsor durch ein Feuer verwüstet. Ein Fünftel der Gebäudefläche wurde in Mitleidenschaft gezogen. Fünf Jahre nahmen die Renovierungsarbeiten in Anspruch und heute erinnert nur noch eine kleine Tafel an den Ort, wo das Feuer ausbrach.

Neben dem Königspalast beherbergt Schloss Windsor auf dem 10 Hektar großen Gelände auch eine prächtige Kapelle. Die St George's Chapel zählt wohl zu den schönsten Beispielen gotischer Architektur in England und wurde in der bestehenden Form ab 1475 errichtet. Neben der Westminster Abbey gilt sie als wichtigste Grablege der englischen Könige. In der Kapelle liegen u.a. Heinrich VIII. und Karl I. begraben. Jährlich kommt in der Kapelle der im Jahre 1348 von Eduard III. ins Leben gerufene Hosenbandorden zusammen.

KINGSWEAR CASTLE

NEWARK CASTLE

BARDON TOWER in North Yorkshire

LEEDS CASTLE

Leeds Castle ist ein Wasserschloss, das mitten in der Grafschaft Kent gelegen ist. Es hat nichts mit der Industriestadt Leeds zu tun.

Die Geschichte von Leeds Castle geht bis ins Jahr 857 zurück, als hier ein königliches Herrenhaus gebaut wurde. Seit dem 13. Jahrhundert diente das Schloss als königlicher Palast. Im späten Mittelalter kam das Schloss in den Ruf, ein Frauenschloss zu sein. Einige englische Königinnen wählten den Ort als ihren Wohnsitz.

Im 16. Jahrhundert wurde Leeds Castle durch Heinrich VIII. für seine Ehefrau Katharina von Aragon aufwändig umgebaut. Heute ist das Schloss ein beliebter Erholungsort und Sitz des einzigen Hundehalsbandmuseums der Welt.

ALLINGTON CASTLE

Allington Castle in der Grafschaft Kent diente schon desöfteren als Kulisse für Filmaufnahmen. Seine Vergangenheit reicht bis ins 13. Jahrhundert zurück, als Stephen de Penchester von Eduard I. im Jahre 1281 das Recht zugesprochen bekam, sein Gutshaus zu befestigen.

Charakteristisch ist das Fischgrätenmuster der Burganlage. Nach einem verheerenden Brand im 16. Jahrhundert blieb Allington Castle bis zum Beginn des 20. Jahrhunderts herrenlos.

Für die Öffentlichkeit ist Allington Castle leider nicht zugänglich. Hier wohnt der bekannte englische Politikwissenschaftler Sir Robert Worcester.

EYNSFORD CASTLE

BROUGH CASTLE

CAMBER CASTLE

ARUNDEL CASTLE

Arundel Castle ist ein Schloss in der Grafschaft West Sussex. Es gilt als eine der besterhaltenden Burgen ganz Englands. Erbaut wurde Arundel Castle (der Name ist vom Fluss Arun abgeleitet) schon im 11. Jahrhundert. Der Grundstein wurde am Weihnachtstag 1067 gelegt. Eduard der Bekenner ließ die Burg in typischer Festungsbauweise, also mit Zugbrücken und Zinnen, errichten. So sollte die Flussmündung gegen Invasoren vom europäischen Festland geschützt werden.

Im Jahre 1139 beherbergte Arundel Castle Kaiserin Matilda, die ihren Anspruch auf den englischen Thron durchzusetzen versuchte. Die für sie errichteten Gemächer sind bis heute erhalten geblieben. Während des Bürgerkrieges im 17. Jahrhundert wurde Arundel Castle schwer beschädigt, und dann im 18. und 19. Jahrhundert aufwändig restauriert.

Bis heute diente Arundel Castle verschiedenen Adelsfamilien als Stammsitz. Gegenwärtig residiert hier der Herzog von Norfolk. Arundel Castle ist aber in großen Teilen für die Öffentlichkeit zugänglich.

CORFE CASTLE

Corfe Castle ist die Ruine einer Burg in der Grafschaft Dorset. In der im 9. Jahrhundert errichteten Befestigungsanlage wurde im 10. Jahrhundert Eduard der Märtyrer ermordet. Gegen Ende des 11. Jahrhunderts begannen die Normannen an diesem Ort mit dem Bau einer Burg. Vom 13. bis zum 16. Jahrhundert diente die Burg englischen Königen als Residenz und teilweise auch als Schatzhaus, in dem die Kronjuwelen lagerten.

Im Zuge des Bürgerkrieges wurde Corfe Castle im 17. Jahrhundert von Parlamentariern gesprengt. Die Ruine ist heute im Besitz des National Trust.

AYDON CASTLE

HELMSLEY CASTLE

CHILLINGHAM CASTLE

Die Ursprünge des Chillingham Castle in Northumberland gehen auf eine mittelalterliche Burg aus dem 12. Jahrhundert zurück, die der Sicherung der Grenze zu Schottland diente. Im 14. Jahrhundert entstand das Schloss, eine geschlossene Vierflügelanlage mit quadratischen Ecktürmen.

Ab 1933 blieb Chillingham Castle unbewohnt und diente im Zweiten Weltkrieg als Kaserne. Seitdem verfiel es und wird seit einigen Jahren restauriert. Ein Teil der Innenräume, vor allem aber der weitläufige Schlosspark sind für die Öffentlichkeit zugänglich.

SKIPTON CASTLE

BODIAM CASTLE

Bodiam Castle ist eine gut erhaltene Burgruine in East Sussex. Die im 14. Jahrhundert zum Schutz gegen eine französische Invasion errichtete Burg wird komplett von einem Wassergraben umgeben. Während des Bürgerkrieges im 17. wurde das Burginnere weitgehend zerstört.
In dem Monty-Python-Film Die Ritter der Kokosnuß *diente Bodiam Castle als Kulisse.*

G U I L D F O R D   C A S T L E

Guildford Castle wurde im 11. Jahrhundert gebaut, um den Ansturm der Dänen abwehren zu können. Schon im 14. Jahrhundert begann der Verfall der Burg, die heute weitgehend eine Ruine ist. Der restaurierte Turm ist jedoch im Sommer für die Öffentlichkeit zugänglich.

HERSTMONCEUX CASTLE

PENDRAGON CASTLE (S. 48)

Der Legende nach wurde Pendragon Castle von König Arthurs Vater, Uther Pendragon, gebaut. Uther Pendragon und hundert seiner Männer sollen gestorben sein, nachdem die sächsischen Invasoren den Brunnen der Burg vergiftet hatten. Auch den Römern wird nachgesagt, sie hätten an dieser Stelle eine Befestigung errichtet.

Nichts deutet jedoch darauf hin, dass diese Legenden auch nur einen Funken Wahrheit enthalten. Es steht hingegen fest, dass die Normannen an diesem Ort im 12. Jahrhundert eine Burg errichteten. Wie das nahegelegene Brough Castle kam auch Pendragon Castle in den Besitz der Familie Clifford. Im 14. und im 16. Jahrhundert wurde die Burg durch Feuer in Mitleidenschaft gezogen, aber wieder aufgebaut, so im 17. Jahrhundert durch Lady Anne Clifford. Nach ihrem Tod verfiel die Burg und stellt heute nur noch eine romantische Ruine in faszinierender Landschaft dar.

BEESTON CASTLE

Beeston Castle wurde im 13. Jahrhundert von Ranulf de Blondeville nach seiner Rückkehr von den Kreuzzügen erbaut. Im Jahre 1237 übernahm König Heinrich III. die Burg, die bis ins 16. Jahrhundert ihren militärischen Zweck erfüllte, dann aber im 17. Jahrhundert während des Bürgerkrieges geschliffen wurde. Anschließend wurde die Burg dem Verfall preisgegeben und ist heute nur noch eine Ruine.

Der Legende nach liegt unter der Burg ein Schatz Richard II. vergraben. Er konnte aber bis heute nicht entdeckt werden.

TATTERSHALL CASTLE

WIGMORE CASTLE

BOLSOVER CASTLE

Bolsover Castle wurde im 12. Jahrhundert durch die Peverel-Familie errichtet, fiel aber schon wenig später an die englische Krone. Im 13. Jahrhundert begann der Verfall von Bolsover Castle.
Sir George Talbot erwarb das Schloss im 16. Jahrhundert. Im folgenden Jahrhundert begann der Wiederaufbau, und es wurde ein Turm gebaut. Nachdem im Bürgerkrieg die Anhänger des Parlamentes Besitz von Bolsover Castle ergriffen hatten, wurde es geschliffen und schließlich wieder dem Verfall preisgegeben.
Nach dem Wiederaufbau wurde Bolsover Castle der Sitz der Herzöge von Portland. Seit 1883 blieb das Schloss unbewohnt und wurde schließlich in die Obhut des Staates übergeben.

BOLTON CASTLE

TINTAGEL CASTLE

TUTBURY CASTLE

BELSAY CASTLE

BELVOIR CASTLE

Belvoir Castle in der Grafschaft Leicestershire war bis in das 13. Jahrhundert ein königliches Herrenhaus, bis es an die Herzöge von Rutland fiel. Die Familie lebt noch heute in einem Teil des Schlosses, das jedoch für die Öffentlichkeit geöffnet ist und viele wertvolle Kunstgegenstände in sich birgt.

In dem Film Der Da Vinci Code – Sakrileg diente Belvoir Castle als Sommerresidenz des Papstes.

EASTNOR CASTLE

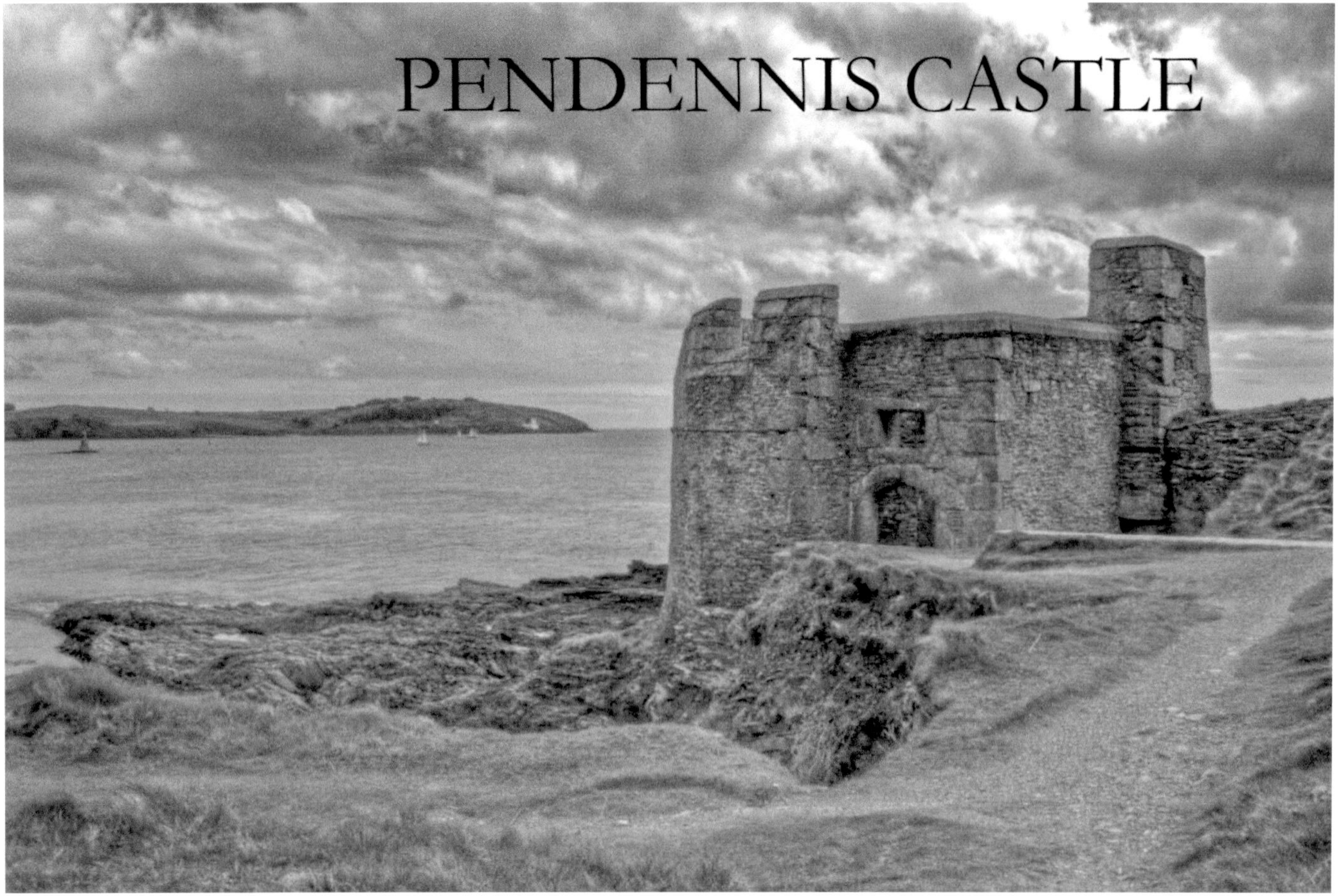
PENDENNIS CASTLE

WARKWORTH CASTLE

Das am Fluss Coquet in Northumberland gelegene Warkworth Castle wurde im 12. Jahrhundert erbaut. Bis ins 16. Jahrhundert residierte hier die Percy-Familie. Ihr Widerstand gegen Königin Elizabeth I. im 16. Jahrhundert bezahlte das Schloss mit einer Plünderung durch royalistische Kräfte. Danach verfiel es zunehmend.
Im späten 19. Jahrhundert wurde Warkworth Castle im Auftrag der Herzöge von Northumberland aufwändig restauriert.

DUNSTANBURGH
CASTLE

HEVER CASTLE

WARWICK CASTLE

Warwick Castle in der Grafschaft Warwickshire liegt in Mittelengland am Fluss Avon. Die Burg zählt zu den besterhaltenen von ganz England. Die Ursprünge der normannischen Burg gehen auf die Zeit Alfred des Großen im 10. Jahrhundert zurück. Die damals gegen die Dänen errichteten Befestigungsanlagen wurden im 11. Jahrhundert nach der Invasion der Normannen zu einer Burg ausgebaut. Im 15. Jahrhundert war hier der englische König Eduard IV. inhaftiert. Wie auch Schloss Windsor diente die Burg im 17. Jahrhundert den Parlamentariern zur Inhaftierung ihrer royalistischen Gegner.

Bis ins Jahr 1978 blieb Warwick Castle im Besitz der Earls of Warwick und wurde dann für die Öffentlichkeit zugänglich.

OKEHAMPTON CASTLE

UPNOR CASTLE

BAMBURGH CASTLE

KNARESBOROUGH CASTLE

CARLISLE CASTLE

NUNNEY CASTLE

PRUDHOE CASTLE

GOODRICH CASTLE

CONISBROUGH CASTLE

Conisbrough Castle in South Yorkshire wurde im 12. Jahrhundert auf den Überresten einer noch älteren normannischen Burg errichtet. Nach dem Aussterben der Warenne-Familie im Jahre 1347 fiel die Burg an die englische Krone.

Eine Bestandsaufnahme aus dem 16. Jahrhundert verrät viel über den desolaten Zustand von Conisbrough Castle, das sich langsam in eine Ruine verwandelte. Alleinig der imposante Turm konnte erhalten werden. Da die Burg praktisch nicht mehr verteidigt werden konnte, entging sie im englischen Bürgerkrieg einer weiteren Zerstörung.

HADLEY CASTLE

FARNHAM CASTLE

L Y D F O R D C A S T L E

LULWORTH CASTLE

PORTCHESTER CASTLE

Auf den Überresten einer römischen Befestigungsanlage ließ William Mauduit um das Jahr 1090 die Burg Portchester Castle errichten. Im Jahre 1158 fiel die Burg an die englische Krone. König Johann hielt sich oft in Portchester Castle auf und erfuhr hier im Jahre 1204 vom Verlust der Normandie.
Später versammelte König Eduard III. hier eine 15.000-Mann starke Armee, mit der er kurz darauf die Franzosen in der Schlacht von Crecy besiegte. Unter Richard II. wurde Portchester Castle zu einem Palast ausgebaut. Im Laufe der Zeit verlor die Burg an Bedeutung.
Während der Napoleonischen Kriege diente Portchester Castle als Gefängnis für etwa siebentausend Franzosen. Heute ist die Burg in der Grafschaft Hampshire ein beliebtes Ausflugsziel.

KENILWORTH CASTLE

SHERBORNE OLD CASTLE

P E V E N S E Y C A S T L E

STOKESAY CASTLE

TYNEMOUTH CASTLE